Plastikfrei leben für Einsteiger

Wie Sie unnötigen Plastikverbrauch
aufdecken und nachhaltig einsparen

inkl. Tipps für Zero Waste im Alltag

Juliane Loerts

♻ INHALT

Das erwartet Sie in diesem Buch

Die Plastikflut in Deutschland nimmt immer drastischer zu und zieht immer schwerwiegendere Folgen nach sich. Jeder Einzelne und somit auch Sie können bereits mit kleinen Veränderungen dazu beitragen, eine Verbesserung zu bewirken. Oberstes Ziel dieses Buches ist es hierbei, Sie darüber aufzuklären, weshalb ein Leben mit weniger Plastik nicht nur Sinn ergibt, sondern für eine gute Zukunft unumgänglich ist. Dabei soll aufgezeigt werden, wie der Plastikkonsum in Deutschland sich entwickelt hat und wie er momentan aussieht. Darüber hinaus geht es um die Folgen der Plastikflut, welche neben der Umwelt und in großem Maße unser Tierreich auch Ihre und unser aller Gesundheit betreffen.

Dieses Buch soll dazu dienen, zunächst ein Umdenken zu veranlassen und Ihnen im Anschluss konkrete Anregungen in Form von genau beschriebenen Praxistipps zu liefern, von denen Sie sich diejenigen heraussuchen können, die Sie für sinnvoll und umsetzbar erachten. Dabei werden sowohl Alternativen vorgestellt, die darauf basieren, Dinge selbst herzustellen, statt sie zu kaufen, aber auch Tipps, die einfache Veränderungen und Gewohnheiten betreffen und bei welchen sie somit auf andere Weise selbst aktiv werden. Was Sie davon anspricht und wenn ja welche der Ideen Sie ausprobieren wollen, ist dabei gänzlich Ihnen überlassen.

Hierbei beschränkt sich dieses Buch oftmals nicht nur auf ein plastikfreies, sondern allgemein auf ein nachhaltigeres Leben im weiteren Sinne. Falls Sie dies nicht sowieso schon festgestellt haben, werden Sie sehr bald merken, dass all dies zusammenhängt und kaum klar abgegrenzt voneinander betrachtet werden kann. Ebenfalls eine Intention dieses Buches ist es, dass Sie, sobald Sie auf den Geschmack gekommen sind, Ihre Erfolge bezüglich eines plastikfreien Lebens weitertragen und andere Menschen inspirieren, sich ebenfalls mit der Thematik auseinanderzusetzen. Bestenfalls können so mehr Menschen dazu angeregt werden, ebenfalls damit zu beginnen. Denn es geht uns alle an und jeder noch so kleine Schritt und jede Gewohnheitsänderung kann etwas bewirken!

Wie das Plastik zu uns kam

I hren Ursprung finden die Kunststoffe – widersprüchlich zu ihrem heutigen Namen – in der Gewinnung aus natürlichen Materialen. So gingen dem Herstellungsverfahren durch die petrochemische Industrie, die auf der Verarbeitung von Erdöl und -gas basiert und heutzutage verbreitet ist, Vorgänger voraus, die entsprechende Materialien aus Stoffen wie beispielsweise Zellulose erzeugten.

Erstmalig etabliert wurden solche Herstellungsmechanismen um 1860. Schnell sollte sich herausstellen, dass dies eine große Marktlücke mit hohem

Entwicklungspotenzial darstellt. Denn die erzeugten Stoffe brachten nicht nur etliche vorteilhafte Eigenschaften mit sich, auf diese Weise konnten zudem auch teure Elemente, beispielsweise Elfenbein oder Seide, durch billigere Alternativen ersetzt werden. Erst Anfang 1900 kamen die ersten Kunststoffe auf den Markt, die keine natürliche Basis mehr enthielten, wobei einer der ersten Stoffe das Polyvinylchlorid darstellte, welches sich bis heute unter der Abkürzung PVC sowohl großer Bekanntheit als auch einer hohen Beliebtheit erfreut. Während das Material anfangs noch weniger verbreitet war, erhielt seine Nachfrage einen großen Aufschwung, als herausgefunden wurde, dass es aus dem Abfallstoff Chlor hergestellt werden kann. Im Laufe des zweiten Weltkriegs und danach stieg diese Beliebtheit noch weiter an, auch wenn langsam die Risiken und negativen Auswirkungen des Herstellungsverfahrens und des Materials an sich bekannt wurden.

Doch es blieb nicht nur bei PVC. Nach und nach wurden immer mehr Kunststoffe und deren Produktionstechnologien erforscht und erfunden. Die meisten erfreuen sich bis heute einer hohen Popularität, sie sind sowohl aus dem Industriegebrauch als auch aus dem persönlichen Alltag kaum mehr wegzudenken. PVC-Belag als Boden, Rohre beim Hausbau oder Dekoartikel aus Kunststoff sind nur einige Beispiele, die dies belegen.

Weil mit der Zeit jedoch auch die ersten langfristigen Folgen und Auswirkungen des hohen Plastikkonsums zutage traten und sichtbar wurden, kamen immer mehr Menschen und auch die Politik dahinter, dass womöglich Alternativen doch keine schlechte Idee wären. So existieren bereits einige Versuche, Kunststoffe wieder auf natürliche Art und Weise aus unproblematischen Stoffen zu gewinnen. Ein Ansatz ist dabei beispielsweise, sich Krustentierabfälle zur Hilfe zu nehmen. Ob sich dies in der Zukunft als Ersatz und adäquate Alternativlösung herausstellt, wird sich zeigen.

Warum plastikfrei leben?

Nun ja, Risiken in Zusammenhang mit Plastik hin oder her, aber ist es wirklich notwendig, gänzlich auf Plastik zu verzichten? Und vor allem: bringt es wirklich etwas, wenn ich oder Sie als einzelner, kleiner Bürger unseren Konsum herunterschrauben? Müsste da nicht eher bei den Industrieriesen angefangen werden, bei denen es um ganz andere Dimensionen geht als in Privathaushalten? Dieser Frage soll im Folgenden genauer auf den Grund gegangen werden. Neben diesen Überlegungen verfolgen viele Menschen die Denk–

weise, dass Plastik sowieso produziert werde und es somit keinen Unterschied mache, ob eine Person mehr oder weniger den abgepackten Käse kaufe oder nicht. Falls auch Sie solche Gedankengänge kennen, sollten Sie sich dabei immer ins Gedächtnis rufen, dass, wenn jeder so denkt, sich natürlich nichts ändern wird. Es muss also irgendwo mal ein Anfang gemacht werden, um den Kreislauf aus Konsum und Herstellung zu unterbrechen!

Damit Sie die Dimensionen, welche die Herstellung und den Konsum von Kunststoffen betreffen, besser nachvollziehen können, werden im Folgenden einige Statistiken aus den letzten Jahren zusammengefasst. Diese bringen einprägsam zur Geltung, weshalb nicht nur der Staat und die produzierenden Firmen, sondern auch jeder von uns dringend seinen Umgang mit Kunststoffen überdenken und gegebenenfalls ändern sollte. Denn jede noch so kleine Einsparung kann ein Puzzlestück zur Rettung unserer Umwelt sein!

DATEN UND FAKTEN ZUM PLASTIKVERBRAUCH IN DEUTSCHLAND UND IN DER WELT

Doch nun zu den Daten und Fakten. Lassen Sie uns zunächst einmal einen Blick auf den pro-Kopf-Abfall werfen, der jährlich entsteht. 2017 sorgte jeder Einwohner Deutschlands durchschnittlich für 38,53 kg Plastikverpackungsabfall, was deutlich über dem europäischen Durchschnitt liegt. Dieser konnte im selben Jahr bei 32,74 kg pro Einwohner festgemacht werden. Übertroffen werden wir nur von Irland und Estland. Während die Esten einen Verbrauch von 49.95 kg pro Einwohner verzeichnen können, kommen die Iren sogar auf 58,38 kg pro Einwohner. (Quelle: Eurostat, 2019).

Es kann auch beobachtet werden, dass Konsum (und damit verbunden auch die Produktion) immer mehr ansteigen, weshalb ein Umdenken noch dringender notwendig wird, um einerseits die Zunahme zu stoppen und bestenfalls sogar schnellstmöglich wieder eine Abnahme herbeizuführen. So ist von 2003 bis 2017 der Verbrauch von Kunststoffverpackungen von rund 2,1 Mio. auf 3,2 Mio. gestiegen, was einen Anstieg um 52% bedeutet (Quelle: GVM,

2019). Diese Zahl ist erschreckend, zeigt sie doch, dass der Verbrauch innerhalb von fast 15 Jahren um über die Hälfte zugenommen hat.

Die bisherigen Zahlen bezogen sich lediglich auf den Teilbereich des Plastiks, der in Zusammenhang mit Verpackung(-sabfall) steht. Daneben gibt es allerdings noch weitere Branchen, in denen ebenfalls große Mengen an Plastik anfallen. Zahlenmäßig reihen diese sich zwar hinter der Verpackungsindustrie ein, bedeutend sind sie aber in ähnlichem Maße. Um dies zu veranschaulichen, kann auch dieser Fakt in Zahlen dargestellt werde. So ist festzuhalten, dass mit 3,22 Mio. Tonnen im Jahr 2019 die Verpackungsbranche den höchsten Verbrauchswert aufweist, gefolgt von der Baubranche mit 2,94 und der Automobilindustrie mit insgesamt 1,1 Mio. Tonnen an Kunststoffverbrauch (Quelle: BKV, 2020). Dies kann vor allem dadurch erklärt werden, dass die Nachfrage nach Kunststoffverpackungen in der Industrie immer mehr ansteigt.

Unterscheidung von Mikro- und Makroplastik
Eine wichtige Unterscheidung, die für Ihr allgemeines Verständnis und eine Vorstellung davon dient, in welchen Bereichen überall Plastik zu finden ist, stellt

die Einteilung in Mikro- und Makroplastik dar. In erster Linie beschreibt „Mikro" stets etwas Kleineres und Feineres als „Makro". Im Bereich des Kunststoffs wird hier wiederum eine Einteilung vorgenommen: Zunächst gibt es primäres Mikroplastik, was bedeutet, dass es sich von der Herstellung an um kleine Teilchen handelt. Dieses wird nochmals unterteilt in Primäres Mikroplastik Typ-A und Typ-B. Zu Typ-A lässt sich festhalten, dass er bei der Herstellung beabsichtigt, durch eine bewusste Inkaufnahme oder durch einen Unfall entstehen kann. Beispiele hierfür sind sogenannte Microbeads („Mikrokügelchen") in Kosmetika, wie Sie sie unter anderem in Peelings, Zahnpasta oder Duschgels finden. Dazu zählen ebenso Kunststoffgranulate (auch: Kunststoffpellets), die in der Industrie eine wichtige Rolle spielen.

Ein Problem liegt besonders bei Ersterem darin, entsprechende Inhaltsstoffe als solche zu identifizieren, da sie in verschiedensten Formen vorkommen und somit auch unterschiedliche Bezeichnungen tragen können. Bekannte Beispiele sind Polyethylen (PE), Polypropylen (PP), Polyamid (PA) oder Polyethylenterephtalat (PET), allerdings ist die Liste weitaus länger und hält noch kompliziertere Namen bereit. Auf all diese sollte man die Liste der Inhaltsstoffe eines Produktes überprüfen, wenn man wirklich sicher gehen will. Auch gibt diese nicht direkt Auskunft darüber, in welchem Zustand, sprich beispielsweise ob flüssig oder als kleine Teilchen, die Kunststoffe darin vorhanden sind. Diese Angabe hat allerdings auch keinen Einfluss auf das Risiko, das von den Stoffen ausgeht, da beides gleich gefährlich ist.

Der Typ-B dagegen entsteht nicht bereits bei der Produktion, sondern fällt erst durch die Abnutzung bestimmter Dinge oder Materialien an. Zu den Top Ten in diesem Bereich zählen unter anderem Reifen oder Schuhsohlen, die sich durch Gebrauch auf der Straße abnutzen. Darüber hinaus machen einen weiteren Großteil Verwehungen von Sport- und Spielplätzen sowie Baustellen aus. Ebenfalls eine große Rolle spielen Textilien, da beim Waschen Mikroplastikfasern freigesetzt werden können. Zu empfehlen ist in diesem Zuge das Waschen bei niedrigeren Temperaturen, da hierdurch die Fasern weniger stark beschädigt werden und somit der Effekt verringert werden kann. Die Bezeichnung der zweiten großen Säule als „sekundäres Mikroplastik" kann durchaus irreführend sein, handelt es sich hierbei in der Ursprungsform nicht um kleine Teilchen, sondern grundsätzlich um Makroplastik. Werden diese großen Stücke mit der Zeit immer mehr zersetzt und zerfallen, entstehen daraus wiederum kleine Teile, die schließlich als eben diese Form des sekundären Mikroplastiks bezeichnet werden. Dies geschieht unter Einwirkung von Witterungseinflüssen wie UV-Strahlung, Felsen oder auch Wellen. Exemplarisch für diesen Bereich sind PET-Flaschen, Plastiktüten oder ähnliche größere Plastikartikel anzuführen, die eben durch Zersetzung in kleinere Teile zerfallen sind. Es kann festgehalten werden, dass Mikroplastik mit 74 % einen riesigen Teil der Kunststoffemissionen ausmacht.

Aus dieser Einteilung lassen sich Verantwortlichkeiten ableiten, da aus der Tatsache, wer für das Plastikaufkommen im jeweiligen Bereich verantwortlich ist, auch der Schluss gezogen werden kann, wer die Produktion bzw. den Konsum verhindern oder reduzieren kann. So betrifft das Mikroplastik in erster Linie die Hersteller, die hinsichtlich Typ-A bei der Herstellung gewährleisten sollten, dass möglichst wenig Plastik entsteht. In Bezug auf Typ-B sollten Hersteller dazu angehalten werden, innovativ zu denken und auf alternative Ideen hinzuarbeiten.

Sekundäres Mikroplastik findet seine Verantwortlichkeit dagegen eher im Verbraucher, also unter anderem auch bei Ihnen, denn wenn dieser auf den Kauf verzichtet bzw. versucht, auf Alternativen umzusteigen, sorgt er dafür, dass weniger Plastik in die Weltmeere gelangt. Zudem können durch eine sinkende Nachfrage Hersteller dazu angeregt werden, ebenfalls über Alternativen nachzudenken und ihre Produktion schlussendlich umzustellen.

Auch wenn das für Sie nun möglicherweise wie eine unrealistische Utopie klingen mag, lässt sich dem lediglich entgegensetzen, dass alles besser ist, als tatenlos zuzusehen und die Meinung zu vertreten, dass man eh nur ein „kleiner Bürger" sei, dessen Stimme „eh nichts zählt". Denn wenn jeder so denkt, wird sich niemals etwas verändern.

Neben jedem Einzelnen, der sein Verhalten bezüglich seines Plastikverbrauchs überdenken und verändern kann, kommt zudem dem Staat eine besondere Bedeutung zu, da dieser durch Kaufanreize wiederum das Kauf- und Konsumverhalten der

Bürger beeinflussen kann. Hier muss jedoch leider angemerkt werden, dass häufig das wirtschaftliche Interesse im Fokus steht und dabei nachhaltigere Alternativen im Vergleich zur Plastikvariante meist den Kürzeren ziehen und so auf der Verliererseite stehen. Umso wichtiger ist es also, dass Sie unabhängig von staatlichen Anreizen ihre eigene Meinung vertreten und Entscheidungen so treffen, dass Sie mit gutem Gewissen in dieser Welt leben können, wie auch immer das im Detail aussieht.

Dabei darf nicht vergessen werden, welche teils dramatischen Folgen unser Umgang mit Plastik in vielerlei Hinsicht haben kann. Die Darstellung dieser im nächsten Abschnitt soll nicht als Abschreckung dienen, aber womöglich als Wachrütteln, da vielen Menschen die ganzen Ausmaße hiervon wohl nicht bekannt sind. Diese betreffen sowohl Lebewesen, uns Menschen, als auch unsere Umwelt.

NEGATIVE AUSWIRKUNGEN

Gefährdung der Tierwelt

Die erste Gruppe, die Opfer der Plastikflut ist und die genauer betrachtet werden soll, ist die Tierwelt. Besonders Lebewesen, die ihren Lebensraum nahe dem Meer oder anderen Gewässern haben, werden durch den übermäßigen Plastikkonsum der Menschen stark negativ beeinflusst. Wer kennt nicht die furchtbaren Bilder aus den Nachrichten, bei denen es sich leider nicht um eine überzogene Darstellung zur Dramatisierung, sondern um die grausame Realität handelt.

So sind an immer mehr Küsten Vögel zu finden, die verhungert sind, wobei bei der Ursachensuche herauskommt, dass ihre Mägen voller Plastik sind. Sie sind entweder durch ein fälschliches Sättigungsgefühl (es befindet sich zwar Inhalt im Magen, dieser bietet jedoch keinerlei Nährstoffe) umgekommen oder durch die Verstopfung ihres Verdauungsapparats elendig erstickt. Häufig sind an den Mägen der Tiere auch Verletzungen durch scharfkantige Teile zu finden, die sie versehentlich verschluckt oder für Futter gehalten haben. Auch Wale oder Meeresschildkröten holt dieses Schicksal nicht selten ein.

Hinzu kommt, dass die in den Kunststoffen enthaltenen Weichmacher schädliche Auswirkungen auf die Gesundheit der Tiere haben können, besonders wenn sie in den Magen aufgenommen werden. Hier sind oftmals Fehlbildungen oder Tumore eine schreckliche Auswirkung. Andere Beispiele für Tiere, die aufgrund von Plastik in den Meeren sterben, gibt es zu Hauf. Ein weiteres häufig vorkommende Phänomen sind Robben oder Seehunden, die in alten Plastiknetzen hängenbleiben oder sich darin aufhängen und so ebenfalls grausam ums Leben kommen. Diese Darstellung umfasst lediglich die bekanntesten Beispiele, wobei sie noch um eine Vielzahl erweitert werden könnte.

Gesundheitliche Risiken für den Menschen

Doch auch für den Menschen birgt Plastik hohe gesundheitliche Risiken, die nicht außer Acht gelassen werden sollten, und die auf unterschiedliche Ursachen zurückzuführen sind. Zunächst sind in den Kunststoffen oftmals Weichmacher enthalten, die schwerwiegende Folgen für die menschliche Gesundheit haben können. Sind sie beispielsweise in Verpackungen von Lebensmitteln enthalten, kann es passieren, dass sie auf die Nahrung übergehen und wir sie praktisch mitessen. Welche Folgen bei welcher Menge zu erwarten sind oder auftreten können, kann mitunter stark variieren und ist teilweise noch nicht genau erforscht. Fest steht allerdings, dass Weichmacher Einfluss auf Ihr Hormonsystem nehmen können und somit etliche Entwicklungsstörungen damit in Zusammenhang gebracht werden. Diese können von Unfruchtbarkeit über Diabetes bis hin zu ADHS oder verschiedenen Krebsformen reichen.

Vor allem auch die kindliche Entwicklung kann von Weichmachern beeinträchtigt werden, was besonders vor dem Aspekt, dass auch in Spielzeug immer mehr dieser Stoffe nachgewiesen werden, eine große Gefahr darstellt. Zwar gibt es hierfür Richtlinien und Grenzwerte, die nicht überschritten werden dürfen, dennoch ist es umstritten, ob diese erstens stets korrekt eingehalten werden und zweitens somit eine Gefahr wirklich komplett ausgeschlossen werden kann.

Neben der Tatsache, dass Kunststoffteile aus Verpackungen oder Ähnlichem auf Nahrung übergehen können, existieren wie bereits erwähnt Produkte, die nachweislich ab dem Zeitpunkt ihrer Herstellung Plastikteilchen enthalten, was besonders bei Kosmetika der Fall ist. Nach bisherigen wissenschaftlichen Erkenntnissen scheinen diese Partikel keine gesundheitlichen Schäden zu verursachen. Dennoch gelangen auch diese ins Grundwasser, wodurch weitreichendere Auswirkungen, unter anderem wiederum das Sterben etlicher Tiere, die Folge sind.

Außer der direkten Aufnahme des Menschen durch Nahrung oder Verwendung entsprechender Produkte besteht darüber hinaus die Gefahr einer indirekten Aufnahme. Wie bereits dargestellt, passiert es besonders bei Meerestieren häufig, dass sie Plastik aufnehmen. Verspeisen Sie nun solche Tiere, essen sie automatisch das in ihnen enthaltene Plastik mit, was ebenfalls gesundheitliche Schäden nach sich ziehen kann.

Folgen für die Umwelt
Während die Risiken des Plastiks für Tiere und Menschen bekannter sind, ist vielen der direkte Zusammenhang zwischen Plastik und Klimawandel weniger präsent. Doch insgeheim trägt jeder Schritt ab der Gewinnung der Grundmaterialien für die Plastikherstellung in großem Maße dazu bei, dass die Treibhausgasemission immer weiter in die Höhe steigen. Die Basis für die Gewinnung von Kunststoffen stellen Öl und Gas dar, bei denen es sich um fossile Brennstoffe handelt. Bereits bei deren Abbau und in der Verarbeitung entstehen etliche Treib–

hausgase, wie beispielsweise Methan oder Kohlendioxid. Doch damit nicht genug: Auch bei der Entsorgung und Verbrennung von Plastikmüll werden zu Hauf Treibhausgase in die Luft geblasen.

Weitergedacht stellt sich die Frage, welche Auswirkung der Ausstoß solcher Gase nun auf unsere Umwelt hat. Hier werden Begriffe wie Treibhauseffekt, Klimawandel oder Erderwärmung relevant. Diese Zusammenhänge sind nicht unkompliziert, sollen aber in der Folge skizzenhaft dargestellt werden, da sie wichtig sind, um die weiterführenden, längerfristigen Folgen eines hohen Plastikaufkommens zu verstehen. Diese gehen nämlich über die kurzfristigen, bereits beschriebenen Gefahren hinaus und geraten oftmals in Vergessenheit, da sie nicht direkt damit in Zusammenhang gebracht werden. Dennoch dürfen sie nicht vernachlässigt werden, spielen sie doch eine genauso große oder gar eine noch größere Rolle. Um die Kausalität zwischen Plastikproduktion und Erderwärmung zu verstehen, sollte zunächst der natürliche Treibhauseffekt erläutert werden.

Dieser beinhaltet grundlegend den Prozess, dass die Sonne die Erde erwärmt. Diese Wärme wird nicht komplett aufgenommen, sondern ein Teil davon wiederum reflektiert, der so zurück in die Atmosphäre gelangt. Allerdings wird im Gegensatz zur kurzwelligen Sonnenstrahlung die langwellige Wärmestrahlung nicht durch die Atmosphäre durchgelassen, sondern von Gasen absorbiert. Diese bilden eine Schicht, wodurch die Wärme in der Atmosphäre gespeichert und somit in der Nähe der Erde gehalten wird. Dieser Vorgang wird als Treibhauseffekt bezeichnet, da eine ähnliche Wirkungsweise wie in einem Gewächshaus (auch Treibhaus genannt) beobachtet werden kann.

Für uns Menschen ist dieser Prozess überlebenswichtig, da durch diesen Mechanismus eine durchschnittliche Temperatur von 15 Grad sichergestellt wird. Ohne diese automatische Heizung läge diese nämlich bei -18 Grad und die Erde würde auskühlen. Doch wo genau liegt jetzt das Problem?

Nun, seit geraumer Zeit wurde bei Untersuchungen festgestellt, dass sich die Schicht verändert. Durch vermehrtes Aufkommen von sogenannten anthropogenen Gasen, welche die menschlich verursachten Treibhausemissionen bezeichnen, lässt die Schicht immer weniger Wärme passieren und ab–

sorbiert immer mehr, wodurch sich die Hitze mehr und mehr staut.

Den höchsten Anteil macht dabei das Kohlendioxid aus, welches unter anderem durch die Verbrennung fossiler Rohstoffe entsteht, wodurch sich der Kreislauf an dieser Stelle wieder schließt. Solange also die Produktion nicht auf Alternativen umsteigt, sondern ihre bisherige Vorgehensweise weiter betreibt, wird die Erde immer mehr aufgeheizt. Freilich ist das Thema Plastik dabei nur ein kleiner Aspekt und sicher nicht der einzige Faktor, aber mit Sicherheit eröffnet sich hierdurch ein Bereich, der gute Anknüpfungspunkte für erste Schritte einer Verbesserung in die richtige Richtung bietet.

Wie bereits erwähnt, werden zudem viele Plastikartikel auch unachtsam in die Natur geworfen oder landen aus unterschiedlichen Gründen früher oder später dort. Neben der erheblichen Gefahr, die dies für die Tierwelt bietet, haben Wissenschaftler herausgefunden, dass auch in dieser Phase der Zersetzung Treibhausgase freiwerden. Bei den Untersuchungen trat zutage, dass Polyethylen die meisten Abgase absonderte, hierbei handelt es sich um den am weitesten verbreiteten Kunststoff. Es wird noch dazu angenommen, dass der Effekt durch die Anwesenheit von Salzwasser verstärkt wird und im Laufe der Zeit der Ausstoß immer mehr zunimmt, was besonders für die Lage in den Ozeanen eine drastische Verschlimmerung bedeutet.

Vorteile von Plastik

Vielleicht geht Ihnen nun durch den Kopf, warum dann so viel Plastik hergestellt wird, wenn es doch so viele Nachteile und negative Auswirkungen auf uns und unsere Umwelt hat. Hierzu lässt sich festhalten, dass neben dem Preisaspekt durchaus weitere Gründe existieren, die für eine plastikhaltige Verpackung bei gewissen Dingen sprechen, solange keine vergleichbare Alternative erfunden ist. So ist beispielsweise ein großer Vorteil einer Kunststoffverpackung, dass diese hohe hygienische Anforderungen erfüllt, indem sie einen Schutz vor Keimen garantiert. Diese Eigenschaft wird besonders in Krankenhäusern und Arztpraxen ausgenutzt, weshalb Plastikverpackungen dort auch kaum mehr wegzudenken sind. Egal ob Wundverbände, Spritzen oder Prothesen, all diese Dinge würden ohne Plastik nicht ansatzweise an die jetzigen hygienischen Bedingungen herankommen. Immerhin können auf diese Weise Menschenleben gerettet werden!

Auch kann eine Kunststoffverpackung dazu beitragen, Beschädigungen beim Transport vorzubeugen oder diese zu verhindern. Ein Beispiel hierfür sind all Ihre Bestellungen, die nur durch ihre stabile Verpackung heil von Ihrem Postboten bis vor Ihre Haustür gebracht werden. Ähnlich verhält es sich mit Kleidung. Auch hier ist es beim Transport üblich, dass die einzelnen Stücke in Plastik verpackt werden, damit sie möglichst faltenfrei und ohne weitere Schäden verschickt werden können. In diesem Bereich handelt es sich allerdings eher weniger um einen echten Vorteil, sondern ist eher Ausdruck von unserer Wohlstandsgesellschaft, die erwartet, in den Läden einwandfreie, gebügelte Ware vorzufinden.

Einen wirklichen Vorteil stellt dagegen die Gewährleistung der Haltbarkeit durch eine Plastikverpackung dar. Auf diesem Wege gelingt es nämlich, dass weniger Lebensmittel weggeworfen werden müssen. Indem beispielsweise Wurst und Käse mit Plastik ummantelt verkauft werden, kann garantiert werden, dass sie länger haltbar sind und auch die Plastikboxen, in denen zum Beispiel Frischkäse erworben werden kann, tragen dazu bei, dass dieser auch nach längerer Zeit noch genießbar ist.

Ebenfalls erwähnt werden sollte das niedrige Gewicht von Plastikartikeln. Diesbezüglich wird häufig der Vorteil angeführt, dass aufgrund dieser Eigenschaft beim Transport von Plastikartikeln weniger Emissionen verursacht werden. Diesem Vorteil ist beispielsweise auch der Bau von Flugzeugen zu verdanken, da solche ohne diese leichten Materialien nicht hergestellt werden und uns von A nach B bringen könnten. Zu bedenken ist in diesem Zuge allerdings, dass Fliegen aus anderen Gründen sehr umweltschädlich ist und deshalb weitestgehend vermieden werden sollte.

Ein umweltfreundliches Objekt, das dank Plastikteilen funktioniert, ist das Windrad. Nur da die Flügel der Anlagen aus so leichtem Material bestehen, können sie sich drehen, somit Wind einfangen und Strom durch erneuerbare Energien gewinnen.

Ebenfalls in Zusammenhang mit erneuerbaren Energien steht die Eigenschaft der Hitzebeständigkeit. Nur da gewisse Kunststoffe auch gegen hohe Hitze beständig sind, kann Sonnenenergie eingefangen und daraus Strom erzeugt werden, was Grundlage der Gewinnung von Solarenergie darstellt.

Neben diesen Beschaffenheiten, die die Energiegewinnung auf nachhaltige Art und Weise möglich machen, sollte eine weitere Eigenart des Kunststoffs nicht vernachlässigt werden: die wärmedämmende Wirkung. Dass Kunststoff diese Eigenschaft mit sich bringt, führt im weiteren Sinne zu einem hohen Grad an Einsparung von Energieverbrauch. Ein Beispiel ist hierfür die Thermoregulation in Häusern. Durch dämmende Isolierungen aus Plastik kann sowohl Kälte- als auch Wärmeverlust in der Wohnung um bis zu 70 % reduziert und somit ebenfalls ein Beitrag zum Umweltschutz geleistet werden.

Wenn man sich also mit den positiven bzw. negativen Eigenschaften befasst, wird schnell klar, dass viele Seiten und Eigenarten des Plastiks positive wie negative Aspekte aufweisen. Neben der Leichtigkeit und dem niedrigen Preis, der gleichzeitig Fluch und Segen darstellt, ist in diesem Zuge auch das Kennzeichen der Langlebigkeit zu erwähnen, welches sich diesbezüglich ähnlich verhält. Denn während es etliche Vorteile mit sich bringt, indem es zum Beispiel dafür sorgt, dass Einzelteile sehr stabil und kaum zu zerstören sind, stellt es zur selben Zeit den größten Nachteil dar. So entsteht nämlich zudem das Problem, dass die Stoffe praktisch ewig vorhanden sind und sich kaum zersetzen oder abbauen lassen.

Eine logische Erkenntnis, die sich aus der Gegenüberstellung von Vor- und Nachteilen von Plastik ziehen lässt, ist also, dass aufgrund der vielen Risiken die Plastikproduktion so weit wie möglich eingedämmt werden sollte, in manchen Bereichen der Kunststoff aber durchaus sinnvoll eingesetzt werden kann und, solange keine passende Alternative entwickelt wurde, sogar notwendig ist. Es sollte also stets abgewogen werden, an welchen Stellen das Material wirklich gebraucht wird und wo die Vorteile insofern überwiegen, dass sie rechtfertigen, die beschriebenen Gefahren und Risiken in Kauf zu nehmen.

Was ist mit Recycling?

Ein Lösungsansatz für die ausführlich beschriebene Problematik, dass Plastik eben sehr praktisch ist und durchaus Vorteile hat, die Produktion und der Verbrauch aber ungeahnte Ausmaße mit teilweise dramatischen Konsequenzen angenommen haben, könnte darin liegen, den vorhandenen Bestand an Verpackungsmaterial wiederzuverwerten und somit zum einen die Neuproduktion einzuschränken und zum anderen den Eintrag in die Weltmeere zu verhindern.

An dieser Stelle muss leider das etwas enttäuschende Fazit gezogen werden, dass die Idee zwar sehr gut und äußerst sinnvoll klingt, die Umsetzung aber (zumindest bisher) scheitert. Hierfür sind verschieden Ursachen verantwortlich, bei denen angesetzt werden kann und sollte, um eine Veränderung in Gang zu bringen. Schuld sind hierbei zu manchen Teilen die Verbraucher, zu einem wesentlichem Anteil aber auch die Industrie oder in weiterem Sinne die Politik, die falsche Anreize setzt.

Damit ein Kreislauf durch effektives Recyceln möglichst gut gelingt, ist die Mitarbeit der Menschen (und damit auch Ihr Mitwirken!) ein äußerst wichtiger Punkt. Denn es gibt zwar Maschinen, die in der Lage sind, Müll zu sortieren, diese kommen aber bei Weitem nicht an das händische Trennen durch Sie daheim heran. Je besser also bei Ihnen zu Hause Vorarbeit geleistet wird, umso leichter wird die Weiterverarbeitung, besonders, wenn sogenannte Störstoffe oder Fehlwürfe von vornherein nicht vorhanden sind. Um dies bestmöglich zu gewährleisten und zu einer richtigen Mülltrennung, die die Grundlage für das Recycling darstellt, beizutragen, ist die genaue Kenntnis der richtigen Mülltrennung unumgänglich.

Lassen Sie mich Ihnen sagen: Sobald Sie dabei ein paar einfache Regeln beachten, ist schon die halbe Miete gewonnen. Grundsätzlich sollte in sechs unterschiedlichen Kategorien gedacht werden, die im Folgenden mit ihren Besonderheiten genauer beschrieben werden:

Papier

Dieser Stoff ist kinderleicht von anderen zu unterscheiden, da er uns Zeit unseres Lebens begleitet. Somit sollte es keine größere Herausforderung darstellen, Pappe sowie Papier und Karton getrennt von anderen Materialen zu entsorgen. Falls ein Objekt zum Teil aus Papier und zum Teil aus einem anderen Stoff besteht, sollten diese beiden bestenfalls voneinander getrennt und auch auf diese Weise entsorgt werden.

Biomüll

Eine nicht immer saubere Angelegenheit stellt der Biomüll dar. Gerade im Sommer sollte dieser deshalb regelmäßig entsorgt werden, um Ungezieferbefall vorzubeugen. Dies ist der Tatsache geschuldet, dass in diesen Müll hauptsächlich Küchenabfälle oder Essensreste kommen. Zwar bestehen heutzutage etliche Alternativen, die es einem auf einfachem Weg möglich machen, dem Wegwerfen von Lebensmitteln vorzubeugen (wie beispielweise das „Food

Sharing", auf welches unter dem Aspekt Alltag genauer eingegangen wird), dennoch entsteht durch Schalen oder Elemente, die weggeschnitten werden müssen, Abfall. Aus diesen Resten kann in der Biogasanlage durch Verbrennung wertvolle Energie gewonnen werden. Extra dazu angebauter Mais kann auf diese Weise ersetzt werden und die wertvollen Energielieferanten müssen nicht in einer normalen Müllverbrennungsanlage verschwendet werden.

Wertstoffe
Um diese Sorte Abfälle existieren wohl die meisten Mythen oder Unkenntnis beim Verbraucher. Bezüglich der Tonne kann noch einmal zwischen gelber Tonne, gelbem Sack und der Wertstofftonne unterschieden werden. Letztere soll mit der Zeit überall eingeführt werden, was aber bisher noch nicht so weit ist. Neben Verpackungsmüll dürfen in der Wertstofftonne darüber hinaus nämlich auch andere Wertstoffe aus Kunststoff und Metall, wie beispielsweise kaputte Pfannen oder Plastikeimer, entsorgt werden. Allgemein lässt sich aber festhalten, dass in diese Tonne leerer Verpackungsmüll außer Papier und Glas gehört, da dieser (zumindest teilweise) recycelt werden kann. Offiziell liegt die Recyclingquote

des Wertstoffmülls in Deutschland bei 50 %, wovon allerdings erstens noch einiges an anfallendem Ausschuss abgezogen werden muss, und zweitens bedacht werden muss, dass diese Quote nicht die ganze Wahrheit widerspiegelt, wie im Zuge von Müllexporten später noch genauer erläutert wird.

Sicherlich haben auch Sie sich irgendwann mal die Frage gestellt, in welchem „Reinheitszustand" die Verpackungen, wie zum Beispiel Joghurtbecher, weggeschmissen werden dürfen. Hier lässt sich eindeutig festhalten, dass es reicht, wenn diese gut ausgelöffelt sind. Den Becher extra auszuspülen ist nicht notwendig. Allgemein sollte noch beachtet werden, dass, wenn bei einem Produkt zwei Materialien aneinanderkleben, diese unbedingt getrennt entsorgt werden sollten, da andernfalls die Maschine womöglich die Stoffe nicht erkennen kann. Ein klassisches Beispiel zur Verdeutlichung ist hier die Wurst- oder Käseverpackung, deren Deckel ganz einfach und schnell vom Rest der Packung abgerissen werden kann. Handelt es sich bei den Materialien um zwei (oder mehrere) unterschiedlicher Art, müssen sie getrennt und anschließend in die entsprechenden verschiedenen Tonnen geworfen werden.

Exemplarisch kann hier die Brötchentüte mit Sicht-fenster aus Plastik aufgeführt werden.

Kleine Anmerkung an dieser Stelle: Meist han-delt es sich bei diesen Bäckertüten um recht robuste Verpackungen, die auch gerne aufbewahrt und mehrfach verwendet werden können, befinden sich in ihnen meist sowieso lediglich Brötchenkrümel, die einfach ausgeleert werden können.

Ganz wichtig ist, dass im Hausmüll und der Wertstofftonne keine Elektrogeräte entsorgt wer-den dürfen!

Glas

Ein ebenfalls leicht zu erkennendes Material, das bei der Entsorgung nicht zu Unsicherheiten führt, bildet das Glas. Zu einer sauberen Trennung (besonders mit Einhaltung des Sortierens nach Farben) beizu-tragen, ist besonders aufgrund der Tatsache sinn-voll, dass bei ordnungsgemäßer Beseitigung ein Re-cyclinganteil von beinahe 100% bei sehr geringem Qualitätsverlust erreicht werden kann. Die Contai-ner hierfür stehen an nahezu jeder Straßenecke und sind somit auch jederzeit ohne große Umwege er-reichbar.

Restmüll

Nun, was lässt sich zum Restmüll sagen? Wie bereits im Namen ausgedrückt, gehört in diese Tonne der ganze Rest, der sonst in keiner anderen Platz findet. Dieser wird schließlich in Müllverbrennungsanlagen „thermisch verwertet", wie es beschönigend ausgedrückt wird.

Einzige Ausnahme, die nicht in diese Tonne gehört, bilden hierbei Stoffe, die gesondert entsorgt werden müssen. Hierzu zählen beispielsweise die bereits erwähnten Elektrogeräte, Batterien, Glühbirnen oder ähnliches. Mit diesen beschäftigt sich der nächste Abschnitt.

Spezieller Müll

Wie bereits erwähnt, können manche Sorten von Müll überhaupt nicht in unseren Hausmüll geworfen werden. Für solche Produkte gibt es extra Stellen, die diese Art von Abfall entgegennehmen. So müssen beispielweise Elektrogeräte bis 25 cm Länge im Elektromarkt zurückgenommen werden, andernfalls müssen sie auf den Wertstoffhof gebracht werden, der die Gegenstände kostenlos annimmt. Batterien werden überall, wo sie verkauft werden, auch zurückgenommen. Meist stehen hierfür am Ein- bzw.

Ausgang entsprechende Boxen bereit. Dies geht unter anderem in Elektronik-Fachgeschäften sowie in vielen Supermärkten und weiteren Geschäften. Mit gebrauchten Glühbirnen sieht es genauso aus.

Es kann also festgehalten werden, dass, wenn der Müll sortenrein vorsortiert ist, der Recyclingprozess um einiges erleichtert wird. Ein weiteres Mittel, das zur Erleichterung und Verbesserung des Recyclingprozesses eingeführt wurde, ist der grüne Punkt. Hinsichtlich des grünen Punkts herrschen bis heute etliche Verwirrungen und Unklarheiten. Es handelt sich um ein System, das für keinen Verbraucher wirklich transparent zu durchschauen ist. Grundsätzlich geht es darum, dass Hersteller, die ihre Pflichten nach Verpackungsverordnung erfüllen, auf ihre Verpackungen den grünen Punkt drucken dürfen. Diese Verpackungen sind dann für den gelben Sack geeignet. Jedoch bedeutet ein fehlender grüner Punkt dabei leider nicht, dass ein Produkt oder eine Verpackung auf gar keinen Fall in den gelben Sack darf. Dieser kann auch aus anderen Gründen nicht aufgedruckt sein, obwohl das Produkt grundsätzlich für das Wertstoffrecycling geeignet ist.

Ein anderes Symbol dagegen, das weitaus aussage-kräftiger ist, stellt der blaue Engel dar. Dieser markiert Produkte, bei denen es sich um umweltfreundlichere Alternativen als vergleichbare konventionelle Optionen handelt. Hierbei werden unterschiedliche Produktgruppen differenziert, für die verschiedene Kriterien angesetzt werden, welche regelmäßig vom Umweltbundesamt geprüft werden. Erkennen kann man das Siegel, wie der Name schon sagt, an einem blauen Kreis, in welchem ein blaues Männchen abgebildet ist.

Doch nicht nur die (vergleichsweise immer noch) niedrigen Recyclingquoten aufgrund falscher oder fehlender Mülltrennung stellen eine Schwierigkeit dar. Ein weiteres großes Problem bildet die Tatsache, dass Müllverbrennungsanlagen für Strom- oder Wärmeerzeugung trotz ihres erheblichen Schadstoffausstoßes zu den erneuerbaren Energien zählen. Aus diesem Grund erhält diese Art der „Entsorgung" häufig staatliche Subventionierung, die attraktiver für Firmen erscheint, als in eine recycelbare Produktion zu investieren. Hier wäre es an der Politik, die Anreize anders zu setzen, um zu einer nachhaltigeren Müllentsorgung und zu einem besseren Recyclingverhalten beizutragen. Doch was passiert mit dem ganzen produzierten Plastikmüll, der nicht verbrannt oder recycelt wird? Nun, traurigerweise wird hierfür ein einfacher, schneller Weg gewählt, um das Problem loszuwerden: Er wird in andere Länder exportiert. Somit wird der Müllberg zwar auf den ersten Blick beseitigt, im Prinzip wird das Problem dadurch aber eigentlich nur ausgelagert.

Das Ganze funktioniert praktisch nach dem Motto „aus den Augen, aus dem Sinn", zieht jedoch teilweise drastische Folgen nach sich, die wir hier kaum bemerken. Dabei zeigen die Zahlen, welche unfassbaren Dimensionen dieser Trend bereits angenommen hat. Jährlich wird rund eine Million Tonnen Plastikabfall exportiert, was ungefähr einem Sechstel des gesamten Plastikabfall in Deutschland entspricht. Lange Zeit war der Hauptabnehmer hierfür China, nachdem dieser allerdings Importbeschränkungen einführte, verlagerte sich das Problem hauptsächlich in andere asiatische Staaten, allen voran Malaysia. Darüber hinaus kann davon ausgegangen werden, dass der zweitgrößte Hauptabnehmer, die Niederlande, lediglich als Transitland dient und letztendlich einen Teil wiederum nach Asien weiterleitet. Fest steht, dass dort die Recyclingstandards wesentlich niedriger sind, was zur Folge hat, dass Kontrollsysteme Quoten nicht richtig erfassen und bei uns fälschlicherweise als recycelte Stoffe in die Statistiken eingetragen werden. In Wahrheit wird dort nur eine geringe Menge recycelt und ein weitaus größerer Teil unter katastrophalen Umweltbedingungen verbrannt oder abgelagert.

Kritische Stimmen ziehen aus all diesen Erkenntnissen die Bilanz, dass der einzig richtige Weg, der ihrer Meinung nach noch viel zu wenig Interesse erfahre, darin liegt, mehr auf die Vermeidung von Plastik zu setzen, statt sich über die Entsorgung erst Gedanken zu machen, wenn das Kind bereits in den Brunnen gefallen ist und wir vor den immer noch größer werdenden Müllbergen stehen. Doch wie kann so ein Verzicht auf Kunststoffe, also ein plastikfreies Leben, möglichweise auch für Sie aussehen?

Ein plastikfreies Leben

WIE ANFANGEN?

Die wichtigste Formel bezüglich eines plastikfreien Lebens lautet, dass es schier unmöglich für Sie sein wird, von einem auf den anderen Tag Ihr komplettes Leben und Ihr Konsumverhalten umzukrempeln. Ein solches Denken führt lediglich zu schnellen Misserfolgen und daraus resultierender Resignation. Deshalb ist es empfehlenswert, Ihre anfängliche Motivation durchaus in Tatendrang umzusetzen, dabei aber zu berücksichtigen, dass auch kleine Schritte bereits ein Erfolg sind und das plastikfreie Leben lieber nach und nach angegangen werden sollte. Um einen Anfang zu wagen ist hierfür sinnvoll, einen Plan zu erstellen, in welchen Bereichen überhaupt ein Plastikverbrauch vorliegt, und im nächsten Schritt zu überlegen, wo eine Einsparung leicht umsetzbar ist.

Wie Sie später bei den Tipps zur Umsetzung feststellen werden, ist eines der Grundprinzipien für ein plastikfreies Leben, dass viele Dinge recht einfach selbst hergestellt werden können. Dies kostet anfangs sicher ein wenig Überwindung und ist oftmals eine Frage der Routine, doch wenn man bei gewissen Dingen erst einmal Zutaten und Rezepte im Kopf hat, ist es auch kein Hexenwerk.

Dennoch muss man zugeben, dass hierfür etwas Zeit und Muße gefordert sind, was sich jedoch durch ein besseres Lebensgefühl und eine positivere Ökobilanz letztendendes sicher auszahlt! Beginnen kann man das Projekt, seinen Plastikkonsum zu reduzieren, in den unterschiedlichsten Lebensbereichen. Wie das genauer aussehen kann, wird im folgenden Teil vorgestellt.

BEREICHE

Alltag

Für den Alltag ist einer der hilfreichsten Tipps, bestimmte Utensilien immer in der Handtasche oder im Rucksack dabeizuhaben, um gewisse Verpackungen grundsätzlich vermeiden zu können, auch wenn sie „ungeplant", beispielsweise durch einen spontanen Entschluss, noch schnell etwas einkaufen zu gehen, anfallen. Hierzu zählt zur Grundausstattung auf jeden Fall ein Einkaufsbeutel, der eine Tüte ersetzt.

Womöglich kommt Ihnen der Gedanke, dass es doch inzwischen beinahe überall an der Kasse Papiertüten günstig zu erwerben gibt, die sehr umweltfreundlich aussehen. Jedoch muss hier kritisch angemerkt werden, dass die Ökobilanz der meisten dieser Tüten nicht besser aussieht als die der Plastiktüte, auch wenn sie auf den ersten Blick den Anschein der umweltbewussten Alternative machen mag und diese Annahme auch bei vielen Menschen verbreitet ist.

Das Problem bei den Papiertüten ist jedoch, dass sie in den meisten Fällen nicht aus Altpapier, sondern aus Frischfaser hergestellt werden. Hierfür wird Zellulose benötigt, die in der Herstellung nicht nur wasser- sondern auch äußerst energieaufwendig ist. Zudem werden für die Stabilität viel Material und teilweise chemisch hergestellte Fasern benötigt. Zu all diesen Aspekten kommt erschwerend hinzu, dass Holz für Papierproduktion notwendig ist, wodurch eine weitere Belastung für unsere Natur und Umwelt entsteht.

Nun, nachdem Sie wissen, was selbst hinter der so umweltfreundlich erscheinenden Papiertüte steckt, können Sie sich überlegen, ob sich der geringe Aufwand lohnt, schlichtweg immer eine eigene Tüte oder einen Beutel bei sich zu haben, bzw. zum Einkaufen mitzunehmen. Hierbei handelt es sich nämlich lediglich um eine Angewohnheit, die, sobald sie einmal komplett verinnerlicht wurde, gar keinen Mehraufwand mehr darstellt.

Neben dem Beutel zum Einkaufen ist besonders für Kaffeeliebhaber ein Mehrwergbecher als Grundutensil zu empfehlen, falls Sie plötzlich auf dem Weg die spontane Lust auf ein Heißgetränk überfällt. Diese kann man inzwischen überall, wo es Kaffee (oder wahlweise auch Tee) gibt, befüllen lassen und statt einem To-Go-Becher benutzen, der danach samt seinem Plastikdeckel im Müll landet.

Übrigens erhält man bei so einem Prozedere in manchen Geschäften sogar einen kleinen Rabatt!

Ein weiterer wichtiger Alltagshinweis betrifft die Ernährung. Wer ist nicht schon oft durch die Stadt gelaufen und hat sich aufgrund eines knurrenden Magens spontan dazu entschlossen, Sushi beim Asiaten mitzunehmen oder zum in Plastik verpackten Fertig-Smoothie zu greifen. Auch das lässt die eigene Plastikbilanz stark in die Höhe schießen, selbst wenn man sich jedes Mal denkt „das ist ja eine Ausnahme". Oft wird einem erst bewusst, wie häufig diese Ausnahmen tatsächlich stattfinden, wenn man sein Kaufverhalten diesbezüglich bewusst genauer unter die Lupe nimmt.

Nun werden Sie sich vielleicht denken, dass einen aber eben manchmal der Hunger in ungünstigen Situationen überkommt. Hierfür ist es ratsam, bei längeren Ausflügen stets eine Stulle, Obst oder ein paar Nüsse dabei zu haben, um auf solche Situationen vorbereitet zu sein und zumindest den ersten Appetit stillen zu können (was im Übrigen auch erstens um einiges gesünder ist und zweitens länger satt hält, als fertig produzierte und verpackte Lebensmittel, von denen man die genaue Zusammen-

setzung nicht kennt und die häufig voller Ge-
schmacksverstärker stecken). Auch für daheim
sollte der Grundsatz gelten, dass frisch gekochte Ge-
richte abgepackten aus dem Supermarkt aus eben
genannten Gründen vorgezogen werden sollten.

Eine weitere Alltagssituation, die jeder von uns,
besonders einmal im Jahr, kennt, ist: Das Geschenke
einpacken. Zu jedem Geburtstag und spätestens zu
Weihnachten werden hierfür Unmengen an glänzen-
dem, schön bedrucktem Geschenkpapier besorgt,
welches viele bunte Motive zeigt. Die Krux hinter
dieser schön anmutenden Tradition, die Geschenke
in passendes Papier einzuwickeln, steckt im Material, welches in den meisten dieser Papiere zugesetzt
wird: Plastik! Doch auch hier gibt es alternative Lö-
sungen, die weitaus umweltfreundlicher und nach-
haltiger sind. Beispielsweise lassen sich aus Altpapier leicht kleine Geschenktüten oder Boxen falten,
oder man verwendet einfach direkt alte Zeitungen
oder Prospekte als Geschenkpapier-Ersatz.

Vielleicht können diese nicht immer genau an
den Beschenkten oder den Anlass des Schenkens an-
gepasst werden, sie erfüllen aber im Prinzip den
gleichen Zweck. Im Übrigen sollte man sich ohnehin

fragen, ob die Welle an Geschenken zu den besonde- ren Gelegenheiten wirklich sein muss, oder ob es nicht sinnvoller ist, weniger und dafür selbst ge- machte oder gut durchdachte Dinge zu verschenken. Denn auch in diesem Bereich haben wir uns inzwi- schen an Standards gewöhnt, die oftmals dem ur- sprünglichen Gedanken, jemandem an einem beson- deren Tag eine Freude zu machen, nicht mehr wirk- lich entsprechen, sondern dieses Maß völlig über- schreiten. So werden etliche Dinge gekauft, nur um möglichst viele tolle Dinge zu verschenken, und nach einer Woche landen sie im Kellerabteil. Das ist nun wirklich nicht der Sinn des Schenkens.

Eine weitere schlechte Angewohnheit unserer Gesellschaft, durch welche sich fehlendes Maß und Überfluss ausdrückt und die sich in den letzten Jah- ren immer mehr etabliert hat, ist das Leben nach dem Motto „kann man neu kaufen". Neu scheint im- mer als besser zu gelten und so kommt es, dass wir dazu neigen, defekte Dinge lieber direkt zu entsor- gen und neu anzuschaffen, statt einen Versuch der Reparatur zu unternehmen. Dies wird zum einen dadurch bedingt, dass häufig die Kompetenzen feh- len, und zum anderen dadurch, dass sich aufgrund niedriger Preise das Reparieren nicht rentieren würde. Eine Gegenbewegung hierzu sind sogenannte „Repair Cafes", die immer mehr an Bedeutung gewinnen. Bei diesen Angeboten geht es darum, dass Menschen zusammenkommen, die sich gegenseitig dabei aushelfen, bestimmte Dinge zu reparieren und wieder zum Laufen zu bringen, statt sie wegzuwerfen und durch neue zu ersetzen. All das geschieht auf ehrenamtlicher Basis und dient nicht nur als Zeichen und Handeln gegen eine Wegwerfgesellschaft, sondern stellt gleichzeitig Treffpunkt für Begegnung und Austausch mit unterschiedlichen Meschen dar. Da jeder seine Stärken woanders hat, kann häufig gegenseitige Hilfe geleistet werden, wodurch allen ermöglicht wird, ihren Horizont zu erweitern.

Auch in Bezug auf Lebensmittel kann beobachtet werden, dass Menschen dazu neigen, im Überfluss zu leben, und es somit nicht selten vorkommt, dass Lebensmittel nicht verzehrt werden und im Mülleimer landen. Hierfür gibt es besonders in großen Städten bereits einige Initiativen mit der Bezeichnung „Food Sharing". Häufig auf Social-Media-Plattformen organisiert, können so übriggebliebene

Lebensmittel oder solche, die in den entsprechenden Haushalten keine Verwendung mehr finden, angeboten und weiterverteilt werden. Daneben existieren viele weitere Initiativen, die sich der Rettung von Lebensmittel und dem Kampf gegen den sogenannten „Food Waste" gewidmet haben. Beispielsweise ist hier die App „too good to go" anzuführen, die im App-Store kostenlos zum Download bereitsteht. Hotels, Restaurants, Supermärkte oder Bäckereien können sich registrieren, um an der Initiative teilzunehmen. Dabei geht es darum, dass die Anbieter aus den übriggebliebenen Dingen vom Tag, die noch in gutem Zustand sind, Päckchen zusammenstellen und für einen bestimmten Preis inserieren. Wer daran Interesse hat, kann sich diese kaufen, vorbeigehen und abholen. Oftmals stellt dies eine gute Alternative dar, um günstig an frische Lebensmittel zu kommen und dabei die Umwelt zu schonen.

Welche weiteren Möglichkeiten man im Bereich Lebensmittel, Einkaufen oder Kochen hat, um Plastik einzusparen, wird im nächsten Absatz noch genauer beschrieben.

Einkauf

Die Thematik des frischen Kochens statt dem Verzehr von Fertigprodukten wurde bereits behandelt. In diesem Zuge kommt bei Ihnen vermutlich der Gedanke auf, dass doch frische Lebensmittel wie Nudeln, Reis oder auch Käse in Supermärkten ebenfalls stets verpackt sind, und zwar zumeist in Plastik. Wie kann man dies umgehen? Auch hierfür gibt es inzwischen einige Optionen, um dies zu vermeiden.

Besonders für Obst und Gemüse sowie frische Blumen stellt die einfachste Möglichkeit wohl der Besuch eines Marktes dar. Ein solcher ist praktisch in jedem größeren (und auch kleineren) Ort vorhanden und bietet neben frischen und preiswerten Produkten meist auch Regionalität. Dabei kann die gekaufte Ware in selbst mitgebrachten Beuteln verstaut werden, wodurch dieser Teil des Einkaufs schon mal relativ einfach plastikfrei abgedeckt wird.

Um Brot und Backwaren zu besorgen, ist es am einfachsten, den nächstgelegenen Bäcker aufzusuchen und auch hierfür eigene Taschen mitzubringen, in welche der Einkauf eingetütet werden kann.

Bleibt die Frage nach frischen Produkten wie beispielsweise Wurst und Käse, aber auch nach trockenen Grundnahrungsmitteln wie Nudeln, Reis oder Ähnlichem. Für Ersteres bieten viele Läden, die eine Frischetheke besitzen, mittlerweile die Möglichkeit an, eigene Aufbewahrungs- und Transportboxen mitzubringen und zu befüllen (statt der üblichen plastikhaltigen Verpackung an Wurst- und Käsetheke bzw. den Kühlregalen). Hierfür müssen einige Hygienevorgaben beachtet werden, die aber meist lediglich darin bestehen, dass die Boxen sauber sind und mithilfe eines Tabletts über die Theke gereicht werden, da die Verkäuferinnen diese nicht anfassen sollen.

Für die „Radikaleren" gibt es bereits einige „Unverpackt-Läden", die sich immer größerer Beliebtheit und damit verbunden einer immer stärkeren Ausbreitung erfreuen. Hier ist es möglich (ebenfalls unter Beachtung einiger Hygienevorschriften), alle möglichen Lebensmittel lose zu erhalten. Aus großen Bottichen kann man sich mithilfe von Trichtern oder Schaufeln in die selbst mitgebrachten Behältnisse die Lebensmittel, die man erwerben möchte, abfüllen. Die Sortimente können sich von Laden zu Laden unterscheiden, reichen aber von trockenen Lebensmitteln wie Nüssen, Nudeln, Trockenfrüchten und vielen weiteren Produkten bis hin zu flüssigen Lebensmitteln, wie Öl oder Essig. Jedoch gehen die Bestände auch häufig über Nahrungsmittel hinaus. So werden in Unverpackt-Läden häufig ebenso nachhaltige Spülschwämme, Tücher oder Lappen angeboten, sowie Kosmetika und andere Utensilien für die Körperpflege verkauft, wie beispielsweise feste Shampoos oder Zahnbürsten aus nachhaltigen Materialien. Darüber hinaus sind dort ebenfalls Wasch- und Putzmittel bzw. Grundmaterialien zu finden, aus denen sich diese herstellen lassen, wozu später noch einiges beschrieben wird.

All diese aufgezählten Produkte oder Produktbereiche stellen lediglich einen groben Überblick dar, der längst nicht abschließend ist und wie bereits erwähnt von Laden zu Laden variieren kann.

Nun klingt das alles recht plausibel und sinnvoll, allerdings darf auch hier nicht vergessen werden, dass diese Alternativen manchmal durchaus mit Mehraufwand und teilweise auch mit Mehrkosten verbunden sind, die man bereit sein muss, auf sich zu nehmen. So wäre es mit Sicherheit einfacher, zum gewöhnlichen Supermarkt zu gehen, wo man alles auf einmal erhält, statt mehrere Anlaufstellen aufzusuchen. Jedoch macht die Tatsache, genau diesen

Mehraufwand auf sich zu nehmen, eben die bewusste Entscheidung zu einem nachhaltigen Leben aus und wird nach einer Zeit der Eingewöhnung schnell zur Routine.

Auch das Mitbringen der eigenen Gefäße kann besonders bei größeren Einkäufen anfänglich mit mehr Planung und Aufwand einhergehen. So muss überlegt werden, wie viele Gefäße in welcher Größe mitgenommen werden müssen. Zwar werden meist in solchen Geschäften Glasbehälter oder ähnliches verkauft, diese sind für eine Erstanschaffung dort aber häufig recht teuer im Vergleich zu anderen Geschäften. In einigen Unverpackt-Läden gibt es zudem Regale, in welchen Behältnisse von Kunden abgegeben und kostenlos von anderen wieder mitgenommen werden können, dies stellt eine gute Alternative dar, falls spontan ein weiteres Glas gebraucht wird oder eine andere Größe besser passt.

Während für oben erwähnte Alternativen teilweise mehr Geld aufgebracht werden muss, kann man durch nachhaltiges Kaufverhalten in anderen Bereichen dafür auch Geld einsparen. Dies ist beispielsweise der Fall, wenn es ums Shoppen von Kleidung geht.

Wer statt den neu produzierten Klamotten oder dem Bestellen im Internet, wodurch zusätzlich nicht nur etliches Verpackungsmaterial, sondern auch ein Fahrtweg und somit weiterer CO_2-Ausstoß anfällt, auf Second-Hand-Läden zurückgreift, erhält oftmals gut erhaltene Kleidung für wenig Geld. Diese finden inzwischen überall immer weitere Verbreitung.

Auch ein anderes Phänomen des nachhaltigen Kaufs hat in den letzten Jahren immer mehr an Aufschwung gewonnen: der Flohmarkt. Neben Kleidern können hier kostengünstig verschiedenste andere nützliche Artikel erworben werden. Diese können von Möbelstücken über Antiquitäten bis hin zu praktischen Alltagsgegenständen oder Spielsachen in guten gebrauchtem Zustand reichen.

Und das Allerbeste daran: Falls durch die ganzen erworbenen Schnäppchen und Schätze eines Tages all Ihre Schränke gefüllt oder gar überfüllt sein sollten, können Sie sich ganz einfach ebenfalls einen Platz für einen Stand auf dem Flohmarkt mieten. Dabei können Sie nicht nur selbst zum nachhaltigen Kaufen beitragen, sondern währenddessen ganz nebenbei auch noch Ihr eigenes oder das Taschengeld Ihrer Kinder aufbessern.

Eine Alternative zum Shoppen stellen neben Flohmärkten sogenannte Kleider-Tausch-Partys dar. Auch diese finden immer häufiger statt und bieten die Chance, leicht an großartige Klamotten zu kommen. Dabei ist das Prinzip ganz einfach. Am Eingang kann man (muss man aber oftmals nicht) eigene Sachen in gutem Zustand abgeben und anschließend hat man die Möglichkeit, beliebig loszugehen und an den Ständen zuzugreifen. Eine richtig tolle Möglichkeit, die Sie unbedingt mal probieren sollten!

Doch neben diesen einfachen Alltags- und Einkaufstricks auf dem Weg zum plastikfreien Leben, existieren auch in vielen weiteren Bereichen hilfreiche Tipps, die Ihnen keinesfalls vorenthalten werden sollen.

Bad

Überlegen Sie mal, in welchem Raum Ihrer Wohnung oder Ihres Hauses wohl der größte Plastikverbrauch anfällt. Weit oben steht mit Sicherheit die Küche aufgrund all der verpackten Lebensmittel, die bereits beim Thema Einkauf in den Fokus gerückt sind. Relativ schnell danach folgt wohl das Badezimmer mit all den kleinen Fläschchen und Döschen voller Kosmetikartikel. Doch keine Sorge, auch hierfür gibt es

Möglichkeiten, wie dem Problem (zumindest bei manchen Artikeln) relativ leicht Abhilfe geschaffen werden kann.

Lassen Sie uns mit den einfachsten Punkten beginnen: Wie wäre es beispielsweise, den Seifenspender, der entweder ein Einmalprodukt darstellt oder mit Refill Beuteln aufgefüllt wird, die ebenfalls in einer plastikhaltigen Verpackung erworben werden, ganz altmodisch durch eine feste Seife am Stück zu ersetzen, die Sie im Unverpackt-Laden ganz ohne Müll außenherum erhalten? Dasselbe gilt sowohl für Haarshampoo, welches durch Haarseife ersetzt werden kann, als auch Duschgel, für welches ein Duschbrocken Ersatz bietet.

Die Anwendung dieser Alternativen ist denkbar einfach: entweder können sie in der Hand aufgeschäumt werden oder Sie kaufen für wenige Euro ein Seifensäckchen dazu, welches erstens das Aufschäumen erleichtert und zweitens ermöglicht, auch den letzten Rest des Brockens noch benutzen und aufbrauchen zu können. Hierbei muss lediglich beachtet werden, dass diese immer gut getrocknet werden, da es sonst zu unangenehmen Gerüchen kommen kann. Zum Transport sind Boxen, beispiels–

weise aus Metall, zu empfehlen, in welchen die getrockneten Stücke einfach mitgenommen werden können. Auch hier ist es sinnvoll, die Dosen, besonders wenn die Seife noch feucht ist, offen zu lassen und bestenfalls wirklich nur zum Transport zu verschließen. Somit ist es nicht ganz so unkompliziert wie mit einer Plastikflasche, jedoch spart man hierdurch eine Menge Kunststoff und schützt die Meere und unsere gesamte Umwelt vor Mikroplastikpartikeln.

Was das Zähneputzen und die Zahnpasta angeht, ist meiner Meinung nach eine etwas stärkere Umgewöhnung und Flexibilität gefragt. Zwar hält der Markt mit Pulver zum Anrühren, bis hin zu Pastillen, die man zunächst im Mund zerkaut und anschließend mit dieser entstandenen Masse putzt, etliche Alternativen bereit. Jedoch muss man zugeben, dass kaum die gewohnte Konsistenz bzw. der Geschmack einer üblichen Zahnpasta erreicht wird. Leichter ist es hingegen mit der Zahnbürste. Nachhaltige Alternativen zu der Plastikvariante in Kunststoffverpackung gibt es inzwischen kostengünstig in jedem Drogeriemarkt. Ein weiteres Produkt, welches nicht aus der täglichen Alltagsroutine im Bade–

zimmer und auch außerhalb wegzudenken ist, stellt das Deo dar. Auch hier gibt es die unterschiedlichsten Varianten und Sie müssen für sich selbst entscheiden, welche Sie als geeignet und für Sie passend empfinden. Abgesehen von der klassischen Variante mit viel schlecht entsorgbarer Verpackung und Aluminiumanteilen, gibt es hierbei viele weitere Formen. Relativ bekannt dürfte noch der Roll-on sein, unbekannter sind dagegen Cremes, Bars (ähnlich wie eine feste Seife) oder Puder. Wer ganz auf unbekannte oder künstliche Inhaltsstoffe verzichten möchte, kann auch hier zur Eigenproduktion umschwenken. Eine Deocreme lässt sich beispielsweise ganz einfach aus

- 3TL Kokosöl
- 2TL Natron
- 2TL Speisestärke
- ein paar Tropfen ätherischem Öl

herstellen. Hierfür müssen lediglich Natron und Stärke vermengt, das Kokosöl leicht geschmolzen (falls die Konsistenz zu fest ist) und schließlich alles miteinander verrührt werden, bis eine Creme entsteht. Diese kann dann in einer Dose aufbewahrt werden. Zur Anwendung entnimmt man einfach mit zwei Fingern eine kleine Menge dieser Creme heraus, verteilt sie unter den Achseln und lässt sie kurz einziehen (Rezept aus dem „Plastiksparbuch" von smarticular). Zwar ist für diese doch recht ungewöhnlich anmutende Handhabung eine leichte Umgewöhnung notwendig, jedoch geht auch das innerhalb kürzester Zeit von statten.

Eine sehr fortschrittliche Entwicklung, die insgesamt hinsichtlich verpackungsarmer oder verpackungsfreier Drogerie beobachtet werden kann, wurde bereits im Zuge der Zahnbürste erwähnt und kann auf viele weitere Bereiche übertragen werden: Immer mehr konventionelle Drogeriemärkte nehmen auch nachhaltig verpackte, häufig auf den ersten Blick ungewöhnlich anmutende Produkte, in ihre Sortimente auf und bieten diese preiswert an. Jedoch muss man hierbei immer aufpassen, ob das Image der Nachhaltigkeit lediglich für Werbezwecke genutzt wird, da es momentan ein „moderner Trend" für die Verbraucher ist, oder ob tatsächlich ein Produkt dahinter steckt, welches den Titel „nachhaltig" verdient.

Putzen

Ein weiterer Bereich im Haushalt, der kaum ohne Plastik auszukommen scheint, stellt die Putzkammer mit all ihren Utensilien und Mitteln dar. Dieser Bereich ist besonders dazu geeignet, der eigenen Herstellung eine neue Dimension aufzuerlegen. Denn Sie werden es kaum für möglich halten, mit welch einfachen und kostgünstigen Mitteln Sie Putzmittel selbst produzieren und damit die käuflich erwerblichen Mittel voller Chemikalien ersetzen können, ohne Abzüge beim Ergebnis in Kauf nehmen zu müssen.

Die fünf wichtigsten zu erwähnenden Basics, die Ihnen im Zusammenhang mit selbst hergestelltem Putz- und Waschmittel öfter begegnen werden, stellen Natron, Essig, Soda, Kernseife und Zitronensäure dar. Als Zugabe für den Geruchssinn können häufig noch ätherische Öle ergänzt werden, die das gewisse Etwas ausmachen und nach individuellem Geschmack ausgesucht werden können. Diese und viele weitere einfach und günstig zu erwerbende Stoffe dienen beinahe als Allzweckmittel und sind in unterschiedlicher Kombination auf vielfältige Weise einsetzbar. Beginnen wir doch einmal ganz grundlegend mit einem Allzweckreiniger, der sowohl in der

Küche als auch im Badezimmer nicht nur Schmutz entfernt, sondern gleichzeitig für einen herrlich frischen Duft sorgt. Benötigt wird hierfür:

• 500 g Schalen von Zitrusfrüchten (z. B. Zitronen oder Orangen)
• 500 ml Tafelessig
• Gefäß (z. B. großes Einmachglas)

Zur Herstellung werden zunächst die Schalen in das Gefäß geschichtet und anschließend mit Essig aufgegossen, bis die Schalen vollständig bedeckt sind. Dieses Gemisch wird dann für zwei bis vier Wochen stehen gelassen, wobei stets darauf geachtet werden sollte, dass die Schalen ganz mit Essig bedeckt sind, um Schimmel zu vermeiden. Wenn die Substanz sich dunkler färbt und nach Zitrone duftet, kann sie durch ein Sieb in eine alte Sprühflasche umgefüllt werden. Nun ist der Allzweckreiniger perfekt und kann direkt angewendet werden (Rezept aus dem „Plastiksparbuch" von smarticular).

Neben Putzmittel kann auch Waschmittel sehr leicht hergestellt werden, wobei dies sowohl in flüssiger als auch in Pulverform möglich ist. Die flüssige Variante soll ebenfalls im Folgenden kurz vorgestellt werden und verlangt diese Zutaten:

- 4 EL Waschsoda
- 30 g Kernseife (bestenfalls ohne Palmöl)
- ca. 20 Tropfen ätherisches Öl
- 2 l Wasser

Zunächst wird die Kernseife klein geschnitten oder mit einer Reibe kleingeraspelt und im Anschluss mit dem Soda in einen Topf gegeben. Dann wird das Ganze mit kochendem Wasser aus dem Wasserkocher aufgegossen und mit einem Schneebesen kräftig verrührt, bis sich alles gut aufgelöst und vermischt hat. Diese Mischung muss nun erst einmal abkühlen und bei Bedarf am Ende noch einmal kräftig durchgerührt werden (wenn sich Teile absetzen). Zum Schluss können nach Belieben ätherische Öle zugegeben werden und schon ist das fertige Waschmittel bereit, um in schöne Flaschen abgefüllt zu werden (Rezept aus dem „Plastiksparbuch" von smarticular).

Viele weitere Rezepte finden Sie übrigens entweder in Büchern, wie jenem aus dem die hier angegebenen Rezepte entnommen sind. Diese sind im Handel zu erwerben, wobei ein breites Angebot an zahlreichen Publikationen in ganz unterschiedlichen Ausgaben, auch mit speziellen Schwerpunkten oder Themengebieten, existiert. Neben dieser Möglichkeit geht es aber auch noch einfacher auf eine andere Weise, nämlich über Plattformen im Internet. Geben Sie dafür einfach entsprechende Suchbegriffe in die Suchmaschine ein und Sie werden zu Hauf passende Ergebnisse erhalten.

Das Waschen und Putzen ist übrigens insofern ein sehr relevanter Bereich hinsichtlich des Plastikkonsums, dass die Mittel, die verwendet werden, größtenteils im Grundwasser landen, weshalb es umso wichtiger ist, dass ihre Inhaltsstoffe abbaubar sind und beispielsweise keine Mikroplastik Teile enthalten. Nur indem verhindert wird, dass solche Stoffe genau dorthin gelangen, können die riskanten Auswirkungen von Kunststoffen wenigstens minimiert werden, was kurz- und langfristig auf jeden Fall eines unserer obersten Ziele sein sollte.

ZIELERREICHUNG

Jetzt stellen Sie sich vor, das Buch hier hat Ihnen ein wenig die Augen geöffnet und Sie womöglich auch ein Stück weit inspiriert, und so wollen Sie direkt morgen damit anfangen, einige Ihrer Gewohnheiten umzustellen oder beispielsweise gewisse Produkte durch nachhaltige Alternativen zu ersetzen. Wie können Sie dann Ihre Fortschritte und Ihre ersten Erfolge messen?

Mit Sicherheit ist es für Sie selbst äußerst wichtig, zu veranschaulichen und zu sehen, dass Sie in der Reduktion Ihres Plastikkonsums eine Entwicklung durchmachen. Dies lässt Sie nicht nur erkennen, dass Sie eben doch etwas bewirken können, sondern spornt auch dazu an, weiterzumachen. Um dies zu erleichtern, soll hier ein Vorschlag vorgestellt werden, der ebenfalls wie all die Tipps und Hinweise kein Muss darstellt, sondern lediglich als Anregung dienen soll.

Neben der Tatsache, dass einige Veränderungen sowieso automatisch sichtbar werden (beispielsweise etliche Gefäße in der Küche oder weiße Pillen und bunt gefüllte Fläschchen im Bad), ist es empfehlenswert, sich selbst irgendwo gut sichtbar die eigenen Erfolge zu visualisieren. So können Sie zum Beispiel eine große Tafel aufhängen und darauf festhalten, welche Produkte oder Gewohnheiten Sie im nächsten Schritt verändern wollen. Wenn Sie diese Punkte erreicht haben, können Sie entweder einen Haken dahinter setzen oder aber mit einer anderen Farbe die Alternative, auf die Sie umgestiegen sind, niederschreiben. Hierbei sind Ihrer Fantasie keine Grenzen gesetzt.

Ebenfalls empfehlenswert ist, sich für die eigenen Erfolge auch angemessen zu belohnen. Nehmen Sie sich doch beispielsweise vor, bei jedem kleinen Schritt, den Sie gemeistert haben (oder bei jedem zweiten, dritten, ... abhängig davon, welche Dimensionen Ihre Ziele haben) sich etwas Kleines zu gönnen oder etwas zu kaufen, dessen Anschaffung Sie sich schon lange wünschen. Somit wird es Ihnen leichter fallen, den Umstieg auf ein plastikfrei(er)es Leben auch langfristig mit vermutlich sogar Spaß bei der Sache durchzuhalten. Denn neben dem Anfang, der bekanntlich immer schwer ist, ist eine große Herausforderung auch auf Dauer am Ball zu bleiben und immer weitere Fortschritte zu machen.

Aktuelle Entwicklungen

D as andauernde Durchhalten dieses Lebens-
stils, bis er komplett zur Gewohnheit ge-
worden ist, macht einen wichtigen Punkt
aus, denn wie bereits angeklungen, handelt es sich
auch hierbei momentan um eine Art Trend, der bekanntlich oftmals nur für eine begrenzte Zeit ange-
sagt ist und nach dieser Zeit langsam, aber sicher
wieder abebbt. Diese Bewegung, sich einem mehr
oder weniger plastikfreien Leben zu verschreiben,
wird als „Zero Waste"-Bewegung bezeichnet. Vorteil
von diesem momentanen Trend ist, dass Sie dabei

schnell merken werden, dass Sie nicht allein auf weiter Flur und ein Einzelkämpfer sind, sondern immer mehr Leute diesen Weg gehen. Nachteil dabei ist, dass es passieren kann, dass dieser Trend auch wieder nachlassen kann, wobei es in diesem Fall an Ihnen ist, sich auf sich selbst zu konzentrieren und weiterzumachen. Fakt ist jedenfalls, dass nur wenn es über den Trend hinaus auch auf längere Zeit gesehen von vielen Personen umgesetzt wird, es möglich sein wird, auf Dauer eine Veränderung zu bewirken!

Eine wichtige Frage in diesem Zusammenhang lautet, was denn momentan seitens der Politik getan wird, um uns ein Leben mit weniger Plastik schmackhafter zu machen. Denn wenn das Wissen darum und der Wille, etwas zu verändern, bereits unter vielen Menschen schon stark verbreitet sind, stellt sich die Frage, warum es bei den Entscheidungsträgern noch nicht wirklich angekommen zu sein scheint.

Eine positive Entwicklung, die diesbezüglich zu verzeichnen ist, stellt die Entscheidung dar, dass ab 2021 Besteck, Geschirr, Trinkhalme, Wattestäbchen und Essstäbchen aus Kunststoff sowie Styropor-Essensverpackungen in der EU verboten sein oder zumindest erheblich reduziert werden sollen. Dies ist immerhin ein erster Schritt, der nicht nur Wirkung zeigen wird, sondern auch ein gutes Zeichen der Politik darstellt, dass wirklich etwas unternommen wird.

Doch es sollten nicht nur vermehrt Verbote generiert, sondern besonders auch in die Erforschung und Weiterentwicklung von Alternativen investiert werden. Indem in diesem Bereich Fortschritte in der Entwicklung gemacht werden, kann die Frage nach der Entsorgung des Mülls auf einfache und elegante Weise umgangen und somit gelöst werden.

Zusätzlich sollten Firmen, die auf Nachhaltigkeit achten, vermehrt Gelder und Subventionen erhalten, um auch hierfür den Anreiz zu erhöhen. Mit einer Mischung aus zukunftsträchtigen Alternativen und Restriktionen von sinnfreien Verpackungen besteht auf jeden Fall die Chance, die Gefährdung, die uns durch den Plastikboom droht, rechtzeitig zu bannen und in den Griff zu bekommen.

Blick in die Zukunft

Nachdem dieses Buch Ihnen nähergebracht hat, weshalb im Bereich „Plastik" dringend ein Wandel sowohl im Denken als auch im Handeln notwendig ist sowie erste Möglichkeiten aufgezeigt hat, wie dies angegangen werden kann, ist es nun an Ihnen, was Sie aus all den Infos und Tipps machen. Ich kann aus eigener Erfahrung berichten, dass es durchaus nicht immer der bequemste Weg ist, auf den eigenen Plastikverbrauch zu achten, Alternativen zu finden und Gewohnheiten zu verändern. Wenn man sich jedoch erst einmal in die Thematik eingelesen hat, sich Gedanken gemacht hat, an welchen Stellen man selbst ansetzen könnte und die ersten Projekte angegangen ist, fängt es sogar irgendwann an, Freude zu machen und wird von der gefühlten Pflicht aus schlechtem Gewissen zur selbstgewählten, eigenen Lebensaufgabe. Und Sie glauben gar nicht, wie schnell man bei der ganzen Sache beginnt, sich extrem gut zu fühlen!

Da es manchmal dazu kommen kann, dass im Alltagsstress der Wille oder auch einfach der Gedanke daran, weniger Plastik zu verbrauchen, in Vergessenheit gerät (unter anderem, weil uns erstens ständig überall suggeriert wird, Plastik sei ein unendlich hilfreiches Material und die eine Plastikgabel dann doch gar nicht so schlimm, und zweitens uns ständig Produkte in Plastikverpackung angeboten werden), ist ein letzter Tipp an Sie, sich kleine Reminder im Alltag einzubauen. Diese erinnern Sie immer wieder an Ihre Mission und helfen somit auch bei deren Umsetzung. Dies kann entweder ein Buch über „Zero Waste" sein, welches Sie sich irgendwo offensichtlich hinstellen und in das Sie immer wieder reinlesen, oder auch ein Abonnement einer Internetseite, durch welche Sie regelmäßig E-Mails mit neuen plastiksparenden Ideen erhalten. Wenn Sie Bücher als Staubfänger ansehen und keine Lust auf ein volles Mail-Postfach haben, besteht die Möglichkeit, sich beispielsweise ein kleines grünes Stofftierchen irgendwo offensichtlich in die Wohnung zu setzen, welches Ihren Konsum überwacht. Spaß beiseite, auch hier können und müssen Sie selbst Ihren Weg finden.

Eines lassen Sie sich zum Schluss noch gesagt sein: Ebenfalls aus eigener Erfahrung kann ich berichten, dass besonders in stressigen Zeiten nicht immer alle Vorhaben gelingen – so auch beim Projekt „Plastikfrei Leben". Setzen Sie sich hierbei also nicht zu sehr selbst unter Druck, es ist schließlich noch kein Meister vom Himmel gefallen. Und schon allein, dass Sie sich mit dieser Thematik auseinandersetzen und offenbar den Willen haben, eine Veränderung zu beginnen, ist der erste Schritt in eine richtige (plastikfreie) Richtung und ein nachhaltigeres Leben.

Die Erde wird es Ihnen danken!

Herstellung und Verlag:

BoD – Books on Demand, Norderstedt

ISBN: 9783752899719

© Juliane Loerts 2020

1. Auflage

Kontakt: Psiana eCom UG/ Berumer Str. 44/ 26844 Jemgum

Covergestaltung: Fenna Larsson

Coverfoto: depositphotos.com